LES

ARTISTES,

Ballet-Pantomime en deux Actes ;

PAR M. CORALLI,

MUSIQUE ARRANGÉE PAR M. PICCINI.

REPRÉSENTÉ POUR LA PREMIÈRE FOIS, A PARIS,
SUR LE THÉATRE DE LA PORTE SAINT-MARTIN,
LE 30 JUILLET 1829.

PARIS,

BEZOU, LIBRAIRE,
ÉDITEUR DU THÉATRE DE M. SCRIBE,
BOULEVARD SAINT-MARTIN, N°. 29,
vis-à-vis le nouveau théâtre de l'Ambigu-Comique.

1829.

PERSONNAGES.	ARTISTES.

LE COMTE DE SAINT-ELME, Amateur des arts................ M. DEFRESNE.
JULES, Peintre................. M. DUMAS.
GUSTAVE, Musicien............. M. HAMEL.
ARMAND, Chorégraphe.......... M. MAZILIER.
CÉSAR, sous le nom de SANS-QUARTIER, vieux grenadier, servant de modèle..................... M. MOESSARD.
LUCILE, sa fille, servant les Artistes. Mlle AIMÉE GAUTIER.
DUCROS, Propriétaire........... M. LAURENÇON.
UN HUISSIER.................. M. LAINÉ.
DEUX TÉMOINS.
PORTEURS.

DANSE :

Pas de Trois.

M. PERROT, Mmes FLORENTINE, AIMÉE GAUTIER.

Cosaque.

M. LAURENÇON, Mlle EULALIE ROUX.

FINAL.

MM. MAZILIER, PERROT, DUMAS, HAMEL, PERRIN, AMBROISE, GUYOT, Mmes FLORENTINE, AIMÉE GAUTIER, EULALIE ROUX, CLÉMENT, MARIA, HURPY, JOLY. — CORPS DE BALLET.

Imprimerie de CHASSAIGNON, rue Gît-le-Cœur, N° 7.

LES ARTISTES,

BALLET-PANTOMIME EN DEUX ACTES.

Acte premier.

Le Théâtre représente un atelier où travaillent à la fois un peintre, un musicien et un corégraphe. (1.)

SCÈNE PREMIÈRE.

JULES, GUSTAVE, ARMAND, CÉSAR.

Jules est occupé à peindre un tableau. César, vêtu en grec, lui sert de modèle. Gustave, assis au piano, compose. Armand cherche des poses et des pas nouveaux, placé devant une Psyché. Jules engage Armand à ne pas sauter ainsi qu'il le fait, ce qui l'empêche de peindre; celui-ci se plaint de Gustave, dont la musique n'est pas adaptée aux pas qu'il imagine; César indique à Jules qu'il se fatigue en restant aussi long-temps dans la même position. On entend tout-à-coup un orgue de Barbarie dans la rue (Nos amours ont duré.), Gustave quitte précipitamment son ou-

---

(1) Voir la gravure de l'atelier d'un peintre, de M. Horace Vernet.

vrage pour courir à la fenêtre. Qu'as-tu donc, dit Jules? — N'entends-tu pas? C'est une musique, une dernière romance qui court les rues. Cela me rappelle que Lucile n'est pas encore arrivée. Armand, en entendant parler de Lucile, met la main sur son cœur, pour indiquer qu'il l'aime. La musique cesse, et Armand qui a enveloppé une pièce de monnaie dans un papier, la jette au joueur d'orgue, en se penchant sur la fenêtre.

SCENE II.

Les Mêmes, LUCILE.

Dans ce moment, Lucile entre avec un panier sous le bras; elle court à Armand, qu'elle semble retenir. Ah! te voilà, dit Armand; bonjour, Lucile. — Bonjour, Armand; bonjour, Jules; bonjour, Gustave; mais vous ne travaillez pas. Qu'est-ce que vous avez fait ce matin? (*à Jules.*) Votre tableau n'est pas encore terminé, il y avait si peu de choses à faire! — Jules indique que le bruit que fait Armand l'empêche de travailler; Armand se rejette sur Gustave. Eh bien! dit Lucile, que chacun travaille l'un après l'autre. Cette proposition est approuvée. Les jeunes gens tirent au sort à qui commencera; c'est le tour d'Armand. Il en profite à l'instant, en plaçant sur le piano de Gustave, un morceau qu'il le prie de jouer. Il invite Lucile à répéter le pas qu'il vient d'arranger. Jules se remet à son tableau, et regarde de temps en temps le pas de Lucile. Dans un moment où Lucile et Armand exécutent une pose très-gracieuse, il les arrête, les engage à rester dans la même attitude, et saisissant son pinceau, il en exécute l'ébauche. On entend frapper à la porte. Lucile allant à la porte, et regardant par le petit guichet : C'est

M. Ducros. (tous.) Notre propriétaire ! Ils font entendre qu'ils lui doivent deux termes, et qu'ils ne savent comment faire pour le payer; que déjà il les a menacés plusieurs fois. Gustave propose de le jeter par la fenêtre. Lucile invite les artistes à la modération. On frappe de nouveau. Elle court ouvrir.

SCÈNE III.

Les Mêmes, M. DUCROS.

M. Ducros entre en saluant les artistes, et en souhaitant le bonjour très-amicalement à Lucile. Il a l'air fatigué d'avoir monté six étages. On veut le faire asseoir. Nous sommes charmés de votre visite, M. Ducros, lui disent les artistes. Ducros, tirant une quittance de sa poche, semble leur dire que c'est une visite de deux cents francs. Les artistes s'excusent ; ils attendent des rentrées. Ducros veut être payé, ou il sera obligé de faire saisir ; il est en règle. Allons donc, M. Ducros, vous, un riche propriétaire, vous voudriez pour deux cents francs vous fâcher avec nous. — Du tout, mes enfans, je ne me fâche pas du tout, je suis bon enfant, je suis comme cela dans le quartier, je vous ferai saisir... mais d'amitié. — Ecoutez, dit Jules, nous n'avons pas d'argent, mais on peut s'arranger. Par exemple, moi, je puis faire votre portrait, et aussitôt il le place comme pour commencer son travail. — Du tout, de l'argent ! de l'argent ! Gustave lui dit qu'il lui donnera des leçons de musique, et prenant un trombonne, il en joue à son oreille d'une manière si bruyante, qu'il l'étourdit presque. Armand s'en empare à son tour, et veut à toute force lui donner une leçon de danse. Il le fait tant valser et sauter, qu'il tombe tout essoufflé sur une chaise. Il est furieux ; mais Lucile qui s'est rapprochée, l'adoucit, et elle fait signe aux artistes de s'éloigner, ce qu'ils font aussitôt en riant aux éclats.

SCÈNE IV.

DUCROS, CÉSAR, LUCILE.

Ducros, en les voyant s'éloigner, et lui riant au nez, s'emporte de nouveau contre les artistes. Lucile cherche à l'appaiser ; mais César qui, pendant cette scène a quitté sa tunique et son casque pour reprendre ses habits, ne pouvant retenir ses éclats de rire, irrite de plus en plus le vieux propriétaire. Lucile lui fait signe de se taire, et s'approchant de Ducros, parvient a le calmer. Celui ci la regarde avec intérêt ; il la trouve charmante, et bientôt se laissant aller à son émotion, il ne craint pas de lui avouer tout ce qu'il ressent pour elle ; Lucile profite de ce moment pour le prier de laisser les artistes tranquilles, jusqu'à ce qu'ils puissent le payer. Ducros y consent, mais c'est à la condition de lui promettre de répondre aux tendres sentimens qu'elle a allumés dans son cœur. Lucile feint de consentir à tout ce qu'il demande, mais les trois artistes ne seront plus tourmentés. Je le jure, dit le vieillard, et en voulant se précipiter aux pieds de Lucile, qui profite de ce moment pour aller prévenir les artistes, il tombe dans les bras de César.

SCÈNE V.

DUCROS, CÉSAR.

César se moque de lui, et s'efforce de lui faire

comprendre combien il est ridicule, à son âge, de faire la cour à une jeune fille; qu'il doit bien s'apercevoir qu'elle se moque de lui. A ces mots, Ducros est furieux. Ah! l'on se moque de moi, dit-il, toutes ces petites mines n'étaient qu'un jeu. Eh bien! l'on verra... pas un instant de repos que je ne sois payé, et pour commencer, je cours de ce pas chercher l'huissier, qui, à l'instant même, va verbaliser, instrumenter, saisir, appréhender au corps. Ah! l'on se moque de moi... nous verrons. En disant ces mots, il va pour sortir, et dans sa fureur, il n'aperçoit pas le comte de St.-Elme, qu'il manque renverser en s'éloignant.

SCÈNE VI.

LE COMTE, CÉSAR.

Le Comte se plaint de l'accueil un peu brusque de Ducros, qu'il prend pour un fou ; mais bientôt remis, il s'informe si les artistes sont chez eux. La vue de César le frappe, il croit le reconnaître. César, de son côté, est tout étonné. En effet, dit le Comte, c'est bien toi, mon brave Sans Quartier, mon vieux camarade. Il lui tend la main, le questionne. Il se rappellera toujours qu'il lui a sauvé la vie dans un combat. César est ému jusqu'aux larmes. Le Comte s'informe de sa situation. Il n'est pas heureux. Ah! mon général, où est le temps où nous nous battions tous les jours, maintenant... — Eh bien! dit le Comte, que fais-tu? parle-moi. César hésite. Allons, de la confiance. — Eh bien! mon général, je suis réduit à servir de modèle. Il prend une position. Il me reste une fille charmante, sans fortune, et qui comme moi, est au service des trois jeunes artistes qui habitent cet atelier. — Tu es heureux. — Cela va bien au moins?

— Hélas! ils ne le sont pas eux-mêmes, à peine s'ils peuvent gagner pour vivre, et dans ce moment même ils sont tourmentés par l'homme qui vient de sortir. Ah! que n'ai-je le moyen de les obliger; ils sont si bons, si doux, si sages! Le Comte est attendri; il semble former un projet. Il embrasse son vieux camarade, et l'assure de sa protection pour lui et ses compagnons. Il jette un coup-d'œil sur le mobilier des jeunes gens, puis engage César à le suivre, il a besoin de lui pour l'exécution de son projet. Surtout de la discrétion. — Soyez tranquille, mon général peut compter sur moi. On entend du bruit. Venez de ce côté. Ils sortent à gauche, quand Lucile entre par le fond.

SCENE VII.

LUCILE.

(Elle arrive avec son panier qu'elle pose sur une chaise.)

Lucile approche une table, va chercher des serviettes, et fait tous les apprêts du dîner des Artistes. Elle arrange les chaises autour de la table. Elle place des tasses, en met une plus jolie à la place d'Armand, en faisant comprendre ainsi que c'est lui qu'elle aime. Elle est certaine qu'il l'aime aussi; elle l'a remarqué plusieurs fois la regardant en faisant des pas, et s'arrêtant pour mieux l'examiner. Elle imite sa danse et ses manières. Elle se rappelle avec plaisir ce qu'il lui a montré. Elle danse en s'examinant dans la glace.

SCÈNE VIII.

LUCILE, DUCROS.

Pendant que Lucile danse, Ducros entre doucement et saisit le moment où elle exécute une pose gracieuse pour lui dérober un baiser; mais Lucile l'évite légèrement, et, en colère contre Ducros, elle lui ordonne de s'éloigner à l'instant même. Ducros devient plus pressant, il s'approche d'elle, lui exprime son amour, se jette à genoux et lui renouvelle ses protestations et ses offres. Lucile le repousse, elle ne sait comment s'en débararsser. Ducros la presse encore davantage. Lucile feignant de l'écouter, se rapproche de lui, et lui exprime la crainte qu'elle a que les trois jeunes gens ne rentrent, et le trouvant chez eux, ne se vengent de ses poursuites. Ils ont juré de le faire sauter par la fenêtre. Ducros se moque de tout. Il rit de pareilles menaces, et d'ailleurs il n'a pas peur. Dans ce moment on entend un grand bruit. Ce sont les trois jeunes gens. Ducros est épouvanté... Que faire... Lucile augmente encore ses craintes. — C'est fini de vous s'ils vous trouvent ici, lui dit-elle. Sauvez-vous. Ducros, épouvanté, veut s'éloigner, il va jusqu'à la porte. Le bruit augmente, et il lui est impossible de sortir. Dans son embarras, il prend le casque que César a quitté, il s'affuble de la tunique, et va se placer comme modèle. — Mais ils vous reconnaîtront, dit Lucile. Comment donc faire?... Impossible de sortir, ils montent l'escalier... Ducros aperçoit une caisse ouverte qui sert à mettre des tableaux, et s'y blotit à la hâte. Lucile, faisant tomber le couvercle, s'assied dessus, en retenant son envie de rire.

Les Artistes.

SCÈNE IX.

Les mêmes, ARMAND.

Armand rentre tout essoufflé et fatigué des courses que ses leçons lui font faire. Lucile le gronde avec douceur du peu de soin qu'il prend de sa santé; elle lui essuie le front avec son mouchoir, lui fait boire un peu de vin.

Armand, sensible à tant d'attention, lui exprime la reconnaissance la plus vive. Il tire de sa poche l'argent qu'il a reçu pour ses leçons, et lui remet. Lucile lui fait observer que cet argent ne pouvait arriver dans un temps plus opportun. Pendant cette scène, Ducros soulève de temps en temps le couvercle de la caisse où il est renfermé, et le renferme aussitôt dans la crainte d'être remarqué. Armand regarde Lucile avec la plus vive émotion. Tout-à-coup il devient triste et pensif. Lucile s'en aperçoit, lui adresse de légers reproches, et veut savoir la cause de ce trouble subit. Armand hésite; mais enfin il s'explique : — Oui, Lucile, jusqu'à ce jour je n'ai point osé vous faire connaître ce qui me tourmente. J'aime, j'adore une personne charmante. Tant que je n'ai point eu d'état, je n'ai pu lui faire cet aveu : je ne pouvais songer à m'établir; mais maintenant j'en ai un, j'ai des espérances, et rien ne m'empêche d'épouser celle que j'aime. Lucile est tremblante. Se serait-elle trompée en pensant que c'était elle qu'il aimait. Elle ose à peine regarder Armand. — Et cette personne?... — Quoi! vous ne l'avez pas devinée?.... Lucile, habituée à nous regarder comme des frères, vous n'avez point remarqué.... — O Ciel!... — Oui, Lucile, bonne Lucile, c'est vous, vous seule qui m'avez inspiré tant d'amour, et aujourd'hui, vous seule pouvez faire mon bonheur... Parlez, de grâce, Lucile, répondez à mon amour!.. Lucile est interdite. Armand la presse, la conjure de s'expliquer. Lucile a peine à résister à son émotion. Elle se trouble, et va s'évanouir. Armand la soutient, la fait asseoir sur la caisse où est Ducros. A genoux à ses pieds, il s'excuse de l'avoir ainsi troublée par une déclaration peut-être pénible pour elle ; mais un regard de Lucile le rassure. Un serrement de main lui prouve qu'il est aimé.

Dans ce moment, un domestique entre et remet une lettre à Armand, qui la montre à Lucile. Il faut qu'il sorte à l'instant même, qu'il aille trouver ses amis, et supplier l'inflexible Ducros, qui veut à toute force faire saisir leurs meubles. Il est désespéré, mais Lucile l'encourage, et il s'éloigne.

SCÈNE X.

LUCILE, DUCROS.

Lucile va pour délivrer Ducros; il est sur le point de sortir, lorsqu'on frappe avec force à la porte. Lucile va ouvrir, et un huissier, suivi de ses témoins et de porteurs, se présente avec ses titres. Point d'argent, pas de remise, il va commencer la saisie. En vain Lucile le prie, il ne veut rien entendre, et l'on procède à l'enlèvement des meubles. Si l'on s'apercevait que Ducros est renfermé ici avec moi, que dirait-on ? que penserait Armand ? Ah ! quelle bonne idée ! Elle ferme la caisse à la clé, et la met dans sa poche.

Pendant ce temps, les porteurs déménagent tout le mobilier, et jusqu'à la caisse où est Ducros, qu'ils emportent, et qu'ils croient pleine de tableaux, d'après l'inscription placée sur le couvercle.

Lucile est désolée ; mais le comte de St.-Elme et

César, qui sont restés témoins muets de cette scène, s'approchent d'elle, et l'engagent à venir avec eux. C'est dans l'intérêt des jeunes gens, qu'elle pourra mieux servir encore. Elle se décide à les suivre, et leur indique que les jeunes gens ne peuvent tarder à revenir. Ce sont eux, je crois. — Eloignons-nous, dit le Comte. — Par ici. Elle leur indique la sortie à gauche. En s'éloignant, le Comte laisse tomber un billet.

SCENE XI.

ARMAND, GUSTAVE, JULES.

Ils entrent l'un après l'autre. Ils ne peuvent revenir de leur étonnement, en voyant que pendant leur absence tout a été enlevé. Ils jurent de se venger de Ducros. Et Lucile, où est-elle? Sans doute elle cherche à l'attendrir, dit Armand. — Et le déjeûner, je meurs de faim, dit Gustave. — Et mon beau tableau, les Vandales! — Encore s'ils avaient laissé ma musique. — Bah, ta musique! c'est mon tableau qui aurait fait notre fortune. Colère des trois amis, qui peu à peu se calment, et se mettent à rire aux éclats, en se regardant. Armand trouve le billet du Comte. Il le lit, et indique qu'on les attend à l'hôtel du Comte. Eh bien! qu'en dites-vous? — Ma foi, allons-y, — Allons-y, répètent-ils tous; et ils partent en éclatant de rire.

FIN DU PEMIER ACTE.

Acte deux.

PREMIER TABLEAU.

Le Theâtre représente un riche salon dans l'Hôtel du comte de Saint-Elme.

SCÈNE PREMIÈRE.

Mouvement général. Des domestiques sont occupés à donner au salon le même aspect que présentait l'atelier des artistes. Les tableaux, le chevalet, le piano ; les meubles sont placés comme ils l'étaient dans l'atelier, et la caisse dans laquelle a été transporté le vieux propriétaire, est mise dans la même position.

SCÈNE II.

LUCILE, LE COMTE, CÉSAR.

Tous ces préparatifs achevés, le Comte de St.-Elme amène Lucile, qui ne peut revenir de sa surprise. Il lui indique qu'elle doit se regarder comme elle était chez les jeunes gens. César, pendant ce temps, arrange la tunique, le casque, etc., qui lui servent pour poser. Il jouit de l'étonnement de Lucile, et l'engage à préparer tout ce qu'il faut pour le dîner des jeunes gens. Lucile dispose tout, place la table, les serviettes, les verres, et est surprise, à chaque instant, de retrouver tous les objets qui lui servaient dans l'atelier. Pendant que le Comte parle à César, elle aperçoit la caisse où est Ducros. Ah! mon dieu! serait-il encore là? Elle ouvre tout doucement, et referme précipitamment en voyant Ducros, après lui avoir fait signe de faire silence.

SCÈNE III.

Les Mêmes, un domestique.

Le domestique annonce à M. le Comte l'arrivée des trois amis; celui-ci ordonne de les introduire, et engage César et Lucile à le suivre dans la chambre voisine, d'où ils pourront tout voir et tout entendre sans être vus. Lucile est enchantée; elle se fait un grand plaisir de l'étonnement qu'ils vont éprouver. Tous les trois entrent à droite.

SCÈNE IV.

GUSTAVE, ARMAND, JULES.

Les trois artistes entrent gaiement dans le salon, et sont tout surpris de n'y trouver personne, mais leur surprise augmente encore, quand ils ont jeté un coup-d'œil sur tout ce qui les entoure. C'est mon tableau, mes pinceaux, les voilà! s'écrie Jules avec joie. — Et mon piano, dit Gustave, dans le ravissement. — Oui, dit Armand, tout y est, tout... excepté cependant... Mais c'est charmant, le jour est délicieux, l'appartement magnifique; mais quel peut être ?... —

Ah! qu'importe, dit Gustave, nous sommes bien, ma foi, restons-y, sans nous occuper du reste. Nous saurons plus tard à qui nous devons tout cela. Pendant ce temps, Ducros a levé le couvercle de sa caisse, et écoute. Mes amis, s'écrie Armand, et le propriétaire, lorsqu'il va retourner avec ses huissiers, ses recors, à notre ancien logis. Quelle bonne plaisanterie pour lui!... Et son loyer et ses deux termes!... C'est ravissant!.. Tous les trois éclatent de rire, et en riant, l'un d'eux va s'asseoir sur la caisse où est Ducros, et le force ainsi à rentrer. — Mais ce n'est pas le tout, dit Jules, moi, d'abord, je meurs de faim. — Nous n'avons pas dîné, et j'ai un appétit d'enfer, dit Gustave. — Justement, s'écrie Armand, voici la table mise, notre dîné est servi!... A table! à table! Ils se mettent à table. Quel dommage que nous n'ayons pas là notre bonne Lucile!.... Rien ne nous manquerait alors!...

SCÈNE V.

Les Mêmes, LUCILE.

Dans ce moment, Lucile paraît, et les sert avec sa grâce accoutumée. L'étonnement des Artistes redouble. Ils entourent Lucile, l'accablent de questions auxquelles elle ne peut répondre. Elle ignore comment tout cela s'est fait. Elle s'est trouvée elle-même transportée comme tout le reste, et n'en sait pas davantage. — En effet, dit Jules, tout est ici... Non, il nous manque encore quelque chose, et pour moi, c'est même très-important; mon modèle, ce pauvre César....

SCÈNE VI.

Les Mêmes, CÉSAR.

A peine Jules a-t-il exprimé ce regret, que César paraît. Nouvel étonnement, nouvelles questions, mais le vieux militaire refuse de répondre. Il les engage à attendre que leur bienfaiteur se fasse connaître, et en attendant, il remplit les verres et porte un toast à ce génie invisible et tutélaire. Les trois amis trinquent avec lui, et, dans un transport de joie, Armand exprime à ses camarades le désir qu'il aurait de voir Ducros dans ce moment.

SCÈNE VII.

Les Mêmes, DUCROS.

Pendant qu'ils sont tout joyeux de cette idée d'Armand, Lucile a ouvert tout doucement la caisse où est enfermé Ducros. Elle appelle les jeunes gens qui, appercevant le propriétaire à moitié suffoqué, et dans la position la plus fatigante, ne peuvent retenir des éclats de rire. Leur enthousiasme est au comble. Ils font sortir Ducros de la caisse. Lucile leur raconte l'aventure du matin, et leur folie redouble en voyant leur créancier rompu et moulu, et en écoutant Lucile dire qu'il voulait l'embrasser, etc. Cependant Ducros qui s'est remis un peu, leur annonce qu'il veut être payé, et que toutes ces plaisanteries peuvent bien les amuser; mais qu'elles ne les soustrairont pas à ses poursuites. Cette menace modère un peu la gaieté des jeunes gens; car, au milieu de tout cela, ils ne sont pas plus riches, et sans argent ils se trouveront pris. Ducros les menace plus fort, et jure qu'à l'instant même, il saura bien se faire payer, ou en prison. — Nous n'avons plus qu'une seule ressource, dit Armand en riant, mes amis; implorons le génie qui semble nous avoir accordé sa protection. Il ne nous abandonnera pas dans cette malheureuse position. Et levant ses mains vers le ciel, il a l'air d'attendre que le protecteur lui envoie la somme nécessaire pour satisfaire l'avide créancier. En ce moment le comte de Saint-Elme, qui se trouve placé derrière Armand, tire de sa poche une bourse et la jette avec tant d'adresse, qu'elle va tomber dans les mains d'Armand qui demeure en extase. Jules et Gustave sont stupéfaits. César et Lucile en rient tout bas, et Ducros est saisi d'un tel tremblement qu'il tombe à genoux, se croyant perdu à jamais dans une pareille maison. Le comte de Saint-Elme a profité de l'étonnement général pour se soustraire à la vue de tous, et rentre dans le cabinet.

Les trois jeunes gens s'aperçoivent bientôt qu'ils ont affaire à un homme généreux, et que Lucie et César doivent être du complot; mais trop délicats pour rester plus long-temps dans cette position, ils indiquent hautement qu'ils sont disposés à se retirer, si l'on persiste à les éviter et à se cacher à leurs yeux. Ils ne veulent point accepter la bourse qu'on leur a jetée; tandis que Ducros, revenu de sa frayeur, les engage au contraire à tout accepter. — Non, non, disent les Artistes, nous sommes décidés à nous éloigner à l'instant même, lorsque paraît le comte de Saint-Elme. Ils ont bientôt reconnu en lui un protecteur des arts qui, plusieurs fois, leur a donné des preuves de son attachement. Enchantés, ils l'accablent de leurs remerciemens. Ducros se joint à eux: le Comte l'apercevant est étonné de le trouver chez

Les Artistes.

lui. Celui-ci exprime que les jeunes gens lui doivent trop pour qu'il borne là ses bienfaits, et qu'il espère... — Je vous entends, dit le Comte, et lui montrant une quittance de l'huissier, il l'engage à s'éloigner. J'ai encore une autre affaire à traiter avec l'aimable Lucile... Quant à Lucile, dit le Comte, c'est à moi de disposer de la fille de mon vieux camarade. Je sais qu'elle aime, et je l'unis à celui qui fera son bonheur. En disant ces mots, il prend la main d'Armand et celle de Lucile et les unit. Eh bien! qu'en dis-tu, mon vieil ami? César exprime qu'il doit obéissance aux ordres de son général. Mes amis, en s'adressant aux Artistes, c'est à vous de rappeler cette heureuse journée, vous, (*A Jules.*) en composant un tableau; vous, (*A Gustave.*) une simphonie; et vous, (*A Armand.*) un ballet où nous danserons tous pour votre nôce avec Lucile, qui aura lieu aujourd'hui même. Tous les Artistes sont enchantés et se disposent à suivre le comte de Saint-Elme qui a su faire préparer d'avance une petite fête pour célébrer cet événement. Ducros indique aux Artistes que son logis est toujours vacant, et qu'il est à leur service. Mais le Comte le congédie, en annonçant que désormais les Artistes ne le quitteront plus, et que le salon sera leur atelier. Les Artistes suivent le Comte, et Ducros s'éloigne de son côté.

FIN DU PREMIER TABLEAU.

DEUXIÈME TABLEAU.

Le Théâtre représente les jardins et l'hôtel du comte de Saint-Elme.

Au changement, toute la société est réunie dans le jardin. Le Comte arrive, suivi des Artistes qu'il présente à tout le monde.

DIVERTISSEMENT.

INTRODUCTION.

PAS DE TROIS. — COSAQUE. — FINAL GÉNÉRAL.

SUITE DU RÉPERTOIRE

DU

THÉATRE DE MADAME.

PRIX : UN FRANC LA LIVRAISON.

Chaque Pièce se vend séparément.

Cette Collection, imprimée sur papier Jésus-vélin, satiné, avec couverture imprimée, se compose d'un choix des plus jolis Vaudevilles de MM. SCRIBE, DELESTRE-POIRSON, MÉLESVILLE, G. DELAVIGNE, DUPIN, ROUGEMONT, MOREAU, BAYARD, BRAZIER, VARNER, etc.

PIÈCES EN VENTE.

Avant, Pendant et Après.
Le Boulevard Bonne-Nouvelle, avec la Scène pour l'Anniversaire de la naissance de Molière.
Caroline.
La Famille Normande.
Le Colonel.
L'Amant Bossu.
La petite Sœur.
La petite Folle.
Le Mariage enfantin.
La petite Lampe merveilleuse.
Le Vieux Garçon.
La Meunière.

PIÈCES SOUS PRESSE

POUR PARAITRE INCESSAMMENT.

Les deux Maris, ou M. Rigaud.
Le Gastronome sans Argent.
Les Frères de Lait.
Le Mystificateur.
L'Intérieur de l'Étude.
Le Parrain.
Mémoires d'un Colonel.
Une Nuit de la Garde nationale.
L'Artiste.
Philibert marié.
Le Fou de Péronne.
Les Montagnes Russes.
Aventures et Voyages du petit Jonas.
La Reine de Seize ans, etc., etc.

www.ingramcontent.com/pod-product-compliance
Lightning Source LLC
Chambersburg PA
CBHW071429060426
42450CB00009BA/2093